# CATALOGUE

# D'EAUX-FORTES

## MODERNES

PAR

**Bracquemond, Daubigny, Flameng, Fortuny, Gaillard
J. Jacquemart, Ch. Jacque, Meryon
Th. Rousseau, Seymour-Haden, Unger, Valerio, etc.**

ÉPREUVES DE REMARQUE OU AVANT LA LETTRE

MAGNIFIQUE SÉRIE

DE

## LA SOCIÉTÉ DES AQUAFORTISTES

Publiée par CADART

CARICATURES ET SCÈNES DE MŒURS

PAR HENRI MONNIER ET AUTRES

LITHOGRAPHIES, ESTAMPES ANCIENNES, LIVRES A FIGURES

COMPOSANT LA COLLECTION DE M. L*** L*** [Lambert]

*dont la vente aux enchères publiques aura lieu*

## HOTEL DES COMMISSAIRES-PRISEURS, RUE DROUOT, 5

SALLE N° 4

## Les Vendredi 14 et Samedi 15 Mars 1884

A UNE HEURE ET DEMIE

Par le ministére de M° **MAURICE DELESTRE**, commissaire-priseur

RUE DROUOT, 27

Assisté de MM. **DANLOS** Fils et **DELISLE**, marchands d'estampes

QUAI MALAQUAIS, 15

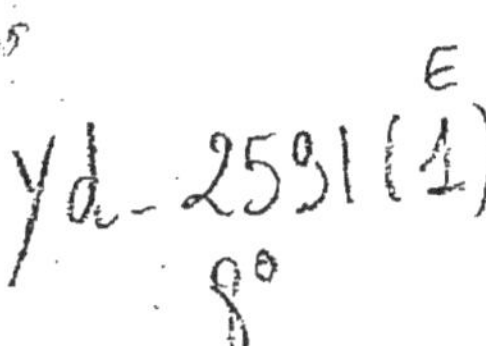

# CONDITIONS DE LA VENTE

Elle sera faite au comptant.

Les acquéreurs paieront cinq pour cent en sus des enchères.

MM. Danlos fils et Delisle, chargés de la vente, se réservent la faculté de rassembler ou de diviser les lots.

# ORDRE DES VACATIONS

1re VACATION le *Vendredi 14 Mars* — Numéros   1 à 200.
2e     —     *Samedi* 15   —   —   —   201 à fin.

# DÉSIGNATION

## EAUX-FORTES MODERNES, LITHOGRAPHIES

### APPIAN (A.).

1. Paysages, Marines. 34 p. — Premières épreuves.

### AUFRAY de ROC-BOHÁIN.

2. Les Prairies et les Bois, 1874. 12 p.

### BERGERAT (E.).

3. Les Chefs-d'œuvre d'art à l'Exposition universelle de 1878. 41 livraisons in-4 contenant 207 fig., dessins et croquis et 20 photogravures.

### BIDA (d'après).

4. Les Saints Évangiles, traduction de Bossuet par M. Wallon, de l'Institut. *Paris, Hachette*, 1873. 2 vol. in-fol., grand papier de Hollande. — Épreuves avant la lettre.

### BOILLY (L.).

5. Grimaces, Scènes de mœurs, etc. — 115 pl. lith. coloriées. In-4, demi-rel.

### BONNINGTON (R.).

6. Vues d'une rue de Besançon. — Bergue. — Le Duel. — Vues d'Écosse, etc. — 17 p. lith.

### BONVIN (F.).

7. Série d'eaux-fortes publiées chez Cadart, 1861. 10 p.

## BRACQUEMOND (F.).

8. Portraits de Le Gros, Raffet, Th. Gautier. — L'Acteur. — Le Buveur, etc. 9 p. — Premières épreuves sur japon et sur blanc.

9. Vanneaux et Sarcelles. — Sarcelles. — L'Inconnu. — Les Taupes, etc. — 10 p. avant et avec la lettre.

10. Frontispices pour les Tréteaux de Monselet. — Conflits entre chasseurs, etc. — Vignettes. — Programme de théâtre, etc. — 20 p. sur japon et sur blanc.

11. Le Haut d'un battant de porte. — Ils s'en allaient dodelinant... — Études. — Paysages. 50 p.

## CHAIGNEAU (F.).

12. Eaux-fortes publiées par Cadart et Chevalier, 1862. 10 p.

## CALAME (A.).

13. Vues prises dans les Alpes. — 32 p. eaux-fortes et lithographies.

## CHAPLAIN (C.).

14. Portrait de Daubigny. — Portraits de jeunes filles. — Études. — Paysages. 25 p.

## CHARLET (N.-T.).

15. Costumes militaires. Grandes et moyennes lithographies publiées chez Motte, Delpech, etc. 36 p.

## CHAUVEL (T.).

16. Paysages. — Intérieurs de forêts. 20 p.

## CHIFFLARD (F.).

17. Improvisations sur cuivre. 21 p. — Premières épreuves.
18. L'Affliction. — Salvator Rosa prisonnier. — Combat, etc. — 6 p. Avant la lettre.

## COURTRY (Ch.).

19. L'Almée, d'après Gérôme. — Trois épreuves des premier et deuxième états.

20. Le Marché d'esclaves, d'après Gérôme. — Quatre épreuves du troisième au sixième état.

21. Les Rois, d'après Willems. — Intérieur d'église, d'après Zamacois, etc. — 10 p. à l'eau-forte et avant la lettre.

22. L'Orgie, compositions d'après Fromentin, etc. — 12 p. avant la lettre sur japon et sur blanc.

23. Deux portraits de l'auteur, d'André del Sarte. — La Fille de Charles Ier, d'après Van Dyck. — Croquis, etc. — 10 p. avant et avec la lettre.

### COROT (par et d'après).

24. Son Portrait, par Bracquemond. — Petits paysages. — Vues de Ville-d'Avray. — Souvenirs d'Italie. — Le Lac, etc. — 35 p. avant et avec la lettre.

25. Douze lithographies par E. Vernier, texte par Ph. Burty. Paris, 1870.

### CUCINOTTA.

26. Portraits de femmes. — Les Ambulanciers. — 10 p. sur sur japon.

### DANDIRAN (Fr.).

27. Suisse et Savoie, 1838. — 25 pl. lith. in-fol.

### DAUBIGNY (Ch.).

28. Le Printemps. — Épreuves des premier, deuxième et troisième états. 3 p.

29. Les Vendanges. — Le Gué. 3 p. — Premières épreuves.

30. Parc à moutons. — Le Printemps. — Le Marais. — Soleil couchant, etc. — 14 p. avant et avec la lettre.

31. Voyage en bateau. 17 p. — Premières épreuves sur japon.

32. Voyage en bateau. — Chasse au cerf. — Le Chariot de pierre. — Vignettes, etc. — 45 p. avant et avec la lettre.

### DECAMPS (par et d'après).

33. Village turc. — Corps de garde turc. — Gardeur de porcs.

lithographies et compositions d'après ses tableaux. — 36 p. avant et après la lettre.

### DELACROIX (E.).

34. La Panthère couchée. — Ecce Homo. Deux pièces rares. — Très belles épreuves.

35. Œuvre unique à l'eau-forte, publié par Cadart et Luquet. 6 p. — Tiré à 30 exemplaires.

36. Un Seigneur du temps de François Iᵉʳ. — Cheval sauvage. — Médailles. — La Liberté. — La Barque du Dante. — Médée, etc. — 20 p. lith.

### DELANGE.

37. Monographie de l'œuvre de Bernard Palissy, texte par MM. Sausay et H. Delange. — 100 pl. in-fol. imprimées en couleur. *Paris,* 1865.

38. Recueil de faïences italiennes des xvᵉ, xviᵉ, et xviiᵉ siècles, texte par M. Alf. Darcel. — 100 pl. in-fol. imprimées en couleur. *Paris,* 1867.

### DELATRE (A.).

39. Pointes sèches. — 9 p. sur japon.

### DELAUNAY (Alf.).

40. Paris pittoresque. — 46 pl. in-fol.

### DETAILLE, DUPRAY, etc.

41 Uhlan, affaire de Châtillon. — Vues de Paris. — 8 p. avant la lettre sur papier rose.

### DEVÉRIA (A.).

42. Contes de La Fontaine. — La Première Toilette. — Sujets d'intérieurs. — Portraits, etc. 28 p. lith.

### DIAZ (d'après).

43. Compositions d'après ses tableaux. — Lithographies par C. Nanteuil. 40 p.

## DIVERS.

**44.** Portrait d'Alfred de Musset en pied. — Jeune Homme assis, par Martial, d'après J. Goupil, La Bruyère, par Foulquier, etc. 10 p.

**45.** Billets de soirées, *ex libris*. — Programmes de théâtre. — Éventail. — Vignettes, par Roybet, Hédoin, L. Brown, Lepic, Sarlovès, etc. 24 p.

**46.** Dix pièces par B. Bellecour, C. Duran, De Nittis, Rudaux, etc. — Premières épreuves sur blanc et japon.

**47.** Dix-sept pièces avant la lettre sur japon et sur blanc, par Desboutin, C. Duran, L'Hermitte, Palizzi, etc.

**48.** Douze pièces avant la lettre sur blanc et japon, par Casanova, Feyen-Perrin, Leloir, Émile Breton.

**49.** Trente-deux pièces avant et avec la lettre, par L. Boulanger, Fichel, Gavarni fils, Laguillermie, Soumy, etc.

**50.** Trente-quatre pièces sur blanc et japon par Duseigneur, L. Monziès, E. Millet, etc.

**51.** Quarante pièces, sujets et paysages, par Bonnin, Perey-Thomas, J. Adeline, Martial, Teyssonnière, etc. — Premières épreuves sur japon.

**52.** Quatre grandes eaux-fortes. Vues de Venise. — Marée basse en Normandie, par Appian et Lalanne. — Épreuves sur japon et sur blanc.

### DRANER.

**53.** Types carnavalesques. — 12 pl. coloriées.

### DUPRAY, de NEUVILLE, WORMS, etc.

**54.** Attendant l'heure du départ. — Cavaliers en marche. — Soldats dans la tranchée. — Changeur espagnol, etc. 10 p. avant la lettre sur blanc et japon.

### DURAND.

**55.** Eaux-fortes d'Ant. de Van Dyck. 21 pl. reproduites par l'héliogravure, texte par M. G. Duplessis. — Exemplaire sur parchemin.

## DUSEIGNEUR.

56.  Suite de douze petits sujets à l'eau-forte.

### CADART (chez).

57.  L'Illustration nouvelle, par une société de peintres-graveurs à l'eau-forte, 1868-1875. 252 pl. — Premières épreuves sur japon.

58.  Société des Aqua-fortistes. — Eaux-fortes modernes originales et inédites, 1re année 1863 à la 5e année 1866. 300 pl. en premières épreuves montées dans 5 vol. in-fol. chag. — Exemplaire unique.

59.  L'Eau-forte en 1874. — Trente eaux-fortes par trente artistes, avec texte. — Exemplaire unique imprimé sur papier bleu.

60.  Autre exemplaire imprimé sur japon ; plusieurs pièces sont doubles et tirées sur différents papiers. Ensemble 49 pl.

61.  Autre exemplaire imprimé sur chine.

62.  Autre exemplaire. — 22 pl. seulement avec texte imprimé sur papier rose.

63.  L'Eau-forte en 1875. — Quarante eaux-fortes par quarante artistes. — L'un des cinq exemplaires tirés sur papier bleu, avec texte.

64.  Autre exemplaire tiré sur japon, avec texte sur papier rose.

65.  Autre exemplaire tiré sur japon, avec texte sur blanc.

66.  L'Eau-forte en 1876. — Trente eaux-fortes par trente artistes. — L'un des cinq exemplaires tirés sur parchemin, avec texte.

67.  Autre exemplaire tiré sur japon, avec texte sur blanc.

68.  L'Eau-forte en 1877. — Trente eaux-fortes par trente artistes. — L'un des trois exemplaires tirés sur parchemin, avec texte.

69.  L'Eau-forte en 1878. — Trente eaux-fortes par trente artistes. — L'un des trois exemplaires tirés sur parchemin avec texte sur papier Wathman.

70. L'Eau-forte en 1879. — Trente eaux-fortes par trente artistes. — L'un des trois exemplaires tirés sur parchemin avec texte.

71. L'Eau-forte en 1880. — Trente eaux-fortes par trente artistes, sur parchemin.

NOTA : Tous les exemplaires indiqués ci-dessus sont dans leur carton de publication.

### EDWARDS (L.).

72. *Etchings*. Suite de cinquante pièces à l'eau-forte publiées à Londres en 1873. Superbes épreuves sur japon.

73. La même suite. Trente-huit pièces sur japon.

74. Paysages et vues d'Angleterre. — Soixante pièces sur papier vergé.

75. Vue de Richemond. — Paysages. Dix pièces sur japon.

### ÉTIENNE (F.-S.).

76. Eaux-fortes, 1863. — 20 p. (les planches sont détruites).

### EVERSHED (A.).

77. Suite de douze pointes sèches, publiées par Mac Lean, 1873, plus trois autres petites pointes sèches. — 15 pl. sur japon.

### FLAMENG (L.).

78. Jésus guérissant les malades (pièce dite « aux cent florins »), d'après Rembrandt. — Belle épreuve.

79. L'Angélique, d'après Ingres. — Jeune fille, d'ap. A. Duval. 4 p. d'artistes et avec la lettre sur chine.

80. Portraits de Madame de Pompadour. — Miss Graham. — L'Enfant bleu, d'après Gainsborough. 6 p. sur chine, avant et avec lettre.

81. Quatre-vingts pièces de son œuvre avant et avec la lettre.

### FORTUNY (M.).

82. Son œuvre. Suite de neuf eaux-fortes publiées par Goupil sur chine volant. Épreuves avant la lettre. — On y a ajouté quatre fac-similés d'après le même, également sur chine volant.

83. Portrait de Velasquez, d'après lui-même. — Épreuve d'artiste, sur chine.

84. Le Choix du modèle, gravé par Champollion.

### FRÈRE (Ed.).

85. La Fileuse. — Intérieur d'une salle d'hôpital. — La Veillée. — Un Tonnelier. — Jeune Garçon assis, etc. 12 p. à l'eau-forte et avant la lettre sur blanc et japon.

### FREUDEBERG (d'après).

86. Histoire des mœurs et du costume des Français dans le XVIIIe siècle. — Reproduction par Willem. 12 pl. tirées en bistre et en noir, avec texte. — L'un des trente exemplaires imprimés sur papier de Hollande.

### GAILLARD (F.).

87. L'Homme à l'œillet, d'après Van Eck. — Superbe épreuve d'artiste avant toutes lettres, sur chine.

88. Portrait de Antonello de Messine, d'après lui-même. — Très belle épreuve avant la lettre, sur chine.

89. La Vierge et l'Enfant Jésus, d'après J. Bellin. — Épreuve avant la lettre.

### GAUCHEREL (L.).

90. Portraits de Henri II, des deux Petitot. — Garde du Pape. — Ornements. — Paysages. 11 p.

### GAVARNI.

91. Journal des gens du monde. — Sujets pour l'artiste, etc. — 40 p. lith.

### GEDDES (J.).

92. Portraits. — Paysages. 10 p. — Premières épreuves.

### GIGOUX (J.).

93. Portraits de Decamps. — Madame Dubarry. — Satisfaction. — Le Signal, etc. — 18 p. lith.

### GILRAY et autres.

94. Album contenant 169 pl. — Caricatures du temps de la Révolution et du Directoire, en couleur et en noir.

### GONCOURT (J. de).

95. La Lecture. — Intérieur. — Femme assise. Trois pièces, d'après Fragonard, avant la lettre.

### GUDIN.

96. Marines. — 42 p. lith.

### HERVIER (J.).

97. Essais d'eaux-fortes. 20 p. — Lithographies artistiques. 12 p.

### HUET (Paul).

98. Eaux-fortes. — Suite de 17 p. sur chine dans le carton de publication.

99. Vues de Normandie et marines, 1830. 12 p. sur chine.

100. Études de paysages. Suite de six pièces, sur chine. — Près Fontainebleau. — Paysages. — Lithographies, etc. 20 p.

101. Fantaisies, sujets pour l'Artiste. — Vues de Normandie, etc. — 30 pl. lith.

### INGRÉS (par et d'après).

102. L'Odalisque (épreuve retouchée par Ingres). — Seigneurs de Bourgogne. — Portraits de Tardieu. — La Petite Fille au chevreau, etc. 10 p.

### ISABEY (E.).

103. Vues de Normandie et de Bretagne. — 12 p. lith.

104. Souvenirs de Bretagne. — Vues de Normandie, etc. — 25 pl. lith.

### JACQUEMART (J.).

105. Les Gemmes et joyaux de la Couronne. Première partie. — 30 pl. avec texte.

106. Miroir français du XVIe siècle. — Trépied ciselé par Gou-thière. — Bijoux. — Triptyque du XIIe siècle, etc. — 14 pl. avant et avec la lettre.

107. Études de fleurs de plantes. — L'Écureuil à la mouche.
Souvenir de voyage. — Paysages. — 22 pl. avant et
avec la lettre.

108. Histoire de la porcelaine. 28 pl. avec texte.

109. Réception de l'Impératrice à Nancy, d'après Meissonier.
16 épreuves.

### JACQUES (Ch.).

110. Cent quarante pièces de son œuvre en différents états,
avant et avec la lettre. — Très belles épreuves.

111. Album Breton. Collection de 20 gravures sur chine, avant
la lettre. *Paris*, 1846. In-4 obl. cart.

### JACQUE (L.).

112. Essais d'eau-forte. — Vues des environs de Paris.
Sujets pittoresques. 72 pl.

### JONGKIND.

113. Cahier de six eaux-fortes. — Vues de Hollande, de Hon-
fleur, etc. 26 p.

### LALANNE (M.).

114. Vues de Paris, de Bordeaux. — Paysages, etc. 45 p. avant
et avec la lettre.

### LAURENS (J.).

115. Truans de campagne. — Porte Caspienne. — Le Pendu.
Une rue de Tauris, etc. — 11 p. de différents états.

### LAGUILLERMIE (F.).

116. Reddition de la ville de Breda, d'après Vélasquez. — Très
belle épreuve avec l'inscription à la pointe.

### LE GROS (A.).

117. Portraits de Victor Hugo. — M. Bérard. — Souvenirs des
Funambules. — Le Chœur d'une église espagnole. —
Les Donneurs d'eau bénite. — Le Réfectoire. — Les
Pestiférés de Rome. — Baigneuses. — Les Moines

bûcherons. — La Demande. — Procession dans Saint-Médard, à Paris, etc. — 22 p. avant la lettre.

118. Dix eaux-fortes publiées à Londres par Holloway (tirées à 50 exempl.), sur chine. — M. A. Le Gros au Salon de 1878, par Poulet-Malassis, brochure avec 3 pl. à l'eau-forte et à la manière noire.

### LEYS (H.).

119. Marguerite à l'église. — Une Visite chez Plantin. — Intérieur de Luther (sur chine), etc., 4 p. — Premières épreuves.

### LIÈVRE (Ed.).

120. Les Collections célèbres d'œuvres d'art. — 50 pl. gravées à l'eau-forte, avec texte. *Paris, Goupil, 1866.* In-fol. en livr.

121. Le Musée universel, avec le concours des artistes et des écrivains les plus distingués. — 73 pl. gravées et lithographiées. *Paris, Goupil, 1878.* In-4 en livr.

### LUMINAIS et HÉRAUX (J.).

122. Scènes de Gaulois. — Les Moutons rentrant à l'étable. — Le Maréchal-ferrant, etc. — 12 p. à l'eau-forte et avant la lettre, sur blanc et japon.

### MANET (Ed.).

123. Olympia. — Don Mariano Camprubi. — Enfant à l'épée. — Gitanos. — Guitarero. — Lola de Valence. — Philippe IV. — 7 p. avant et avec la lettre.

### MARKE.

124. Pièces choisies composées par Ant. Watteau. — 43 pl. in-4, cart.

### MARTIAL POTEMONT (A.).

125. Ancien Paris divisé en douze arrondissements. — 100 pl. in-fol., rel. pl.

126. Ancien Paris. Première suite de 100 pl. in-fol., rel. pl.

127. La Butte des Moulins. Texte par le docteur Moura. 21 pl.
— Très bel exemplaire d'artiste, sur japon.

128. Lettres sur le Salon de 1866, sur parchemin. — Vues de
Paris. — 60 pl. avant et avec la lettre.

### MARTINET (chez).

129. Caricatures. — Les Amours du bon ton. — Scènes parisiennes, etc. — 77 pl. coloriées. 1 vol. in-4 cart.

130. Recueil de Caricatures, — Mœurs parisiennes. — 260 p.,
la plupart coloriées, en 1 vol. in-4 demi-rel. dont le
détail suit : Album lithographique, par Deroy, 1828. —
Album lithographique, par Grenier, etc., 1828. — Recueil de sujets moraux, par L. Bailly. — Métamorphoses
d'Arlequin, 1826. — Esquisses parisiennes, par H. Monnier, 1828. — Recueil de caricatures, par Bouchot. —
Récréations, par H. Monnier. — Le Diable boiteux à
Paris, par G. Scheffer. — Rencontres de Paris et de
Londres, par H. Monnier. — Ce qu'on dit et ce qu'on
pense, par Scheffer. — Compensations, par Ch. Philippon. — Galerie théâtrale, par H. Monnier. — Spécula-
teurs sur la bêtise humaine et publique, par Philippon.
— Six quartiers de Paris, par E. Lami. — Panidochème,
ou toutes sortes de voitures, par V. Adam. — La Jour-
née d'une actrice, par E. Wattier. — Intérieur des bou-
tiques de Paris, par H. Monnier. — Mœurs administra-
tives, par H. Monnier. — Chaque série est renfermée
dans la couverture de publication.

### MEISSONIER (d'après).

131. Le Sergent instructeur. — Halte à la porte d'une auberge.
— Portraits, par Flameng. 8 p.

132. L'audience. — Le Hallebardier. — Le Liseur, etc. — 12 p.
gravées et lithographiées.

### MERCURI (P.).

133. Sainte Amélie, reine de Hongrie, d'après P. Delaroche. —
Très belle épreuve.

### MOREAU (d'après).

134. Monument du Costume physique et moral de la fin du xviiie siècle. Reproduction, par Willem. — 26 pl. tirées en doubles épreuves, en bistre et en noir, avec texte. — L'un des trente exemplaires sur papier de Hollande.

### MERYON (Ch.).

135. Son portrait. Il est représenté assis sur un lit, par Flameng. — Trois épreuves avant et avec la lettre, sur japon et blanc.

136. Le Pavillon de Mademoiselle, et une partie du Louvre. — Entrée du faubourg Saint-Marceau (Ph. B. 8 et 9). Deux pièces tirées sur vieux papier.

137. Pêcheurs dans la mer du Sud, d'après Zeeman (14). — La Brebis et son agneau, d'après A. Van Velde. Deux pièces. — Très belles épreuves.

138. Château de Chenonceau (P. P. 18). — Très belle épreuve.

139. Plan du combat de Sinope (21). — Rare.

140. San Francisco (22). — Trois épreuves sur parchemin, japon et blanc.

141. Tourelle de la rue de l'École-de-Médecine (22). — Épreuve sur chine.

142. Présentation au roi Louis XI du Valère Maxime imprimé à Paris vers 1475 (25). — Trois épreuves sur parchemin, japon et blanc.

143. Rue Pirouette, aux Halles, 1860 (24). — Église Saint-Martin-sur-Renelle (26). — Passerelle du Pont-au-Change (27). — 3 pièces.

144. Partie de la Cité de Paris vers la fin du xviiie siècle, sur la rive gauche de la Seine (28). — Très belle épreuve avec la première inscription sur la tablette, au-dessus des pignons à droite.

145. Le Grand Châtelet de Paris, d'après un dessin exécuté en 1780 (29). — Deux très belles épreuves avant et avec la lettre.

146. Eaux-fortes sur Paris, par C. Méryon (31). — Titre, couverture.

147. Le Stryge (37). — Deux épreuves sur chine et sur blanc.

148. L'Arche du pont Notre-Dame, 1850 (39). — Très belle épreuve avant la lettre et le numéro et avec l'adresse de Meryon, sur chine.

149. La même estampe. — Épreuve avec la lettre.

150. La Galerie Notre-Dame (40). — Belle épreuve.

151. La Tour de l'Horloge (42). — Deux différents états avec la lettre.

152. Tourelle, rue de la Tixéranderie, démolie en 1851 (43). — Très belle épreuve avant la lettre. — La même estampe. — Épreuve avec le lettre.

153. Saint-Étienne-du-Mont (44). — Très belle épreuve du premier état avant l'inscription sur le haut de la corniche à droite.

154. La même estampe. — Première épreuve du second état avec le bon à tirer signé : C. Meryon.

155. La Pompe Notre-Dame, 1852 (45). — Très belle épreuve avec le premier titre.

156. La même estampe. — Épreuve avec les caractères du titre changés, sur chine.

157. La Petite Pompe (46). — Belle épreuve.

158. Le Pont-Neuf (47). — Très belle épreuve avec le nom de Meryon, la date et l'adresse de l'imprimeur.

159. La même estampe. — Épreuve avec le titre, avec la cheminée de la Monnaie et les maisons du fond modifiées.

160. Le Pont-au-Change (48). — Très belle épreuve avec le titre et l'adresse de Meryon, sur japon.

161. La Morgue, 1850 (50). — Épreuve avec le titre et l'adresse de Delâtre.

162. L'Abside de Notre-Dame de Paris (52). — Épreuve avec le titre et l'adresse de Delâtre.

163. Le Tombeau de Molière (53). — Très belle épreuve.

164. Adresse de Rochoux (54). Deux épreuves différentes imprimées à deux tons.

165. Rue des Chantres, 1862 (56). — Très belle épreuve avant toutes lettres.

166. La même estampe. — Épreuve du même état.

167. La même estampe. — Épreuve avec la lettre.

168. La Rue des Toiles à Bourges (58). — Ancienne habitation à Bourges (59). 2 pièces.

169. Ancienne habitation à Bourges (59). — Très belle épreuve avant la lettre.

170. Grenadiers indigènes et habitations à Akaroa (presqu'île de Banks), 1845 (63). — Océanie, îlots à Uvea (Wallis). Pêche aux Palmes (63). 2 p. — Très belles épreuves avant la lettre.

171. Voyage à la Nouvelle-Zélande (n°s 63, 64, 65, 66, 67, 68, 68 *bis*, 69 et 70). Neuf pièces y compris la couverture. — Bel exemplaire.

172. La même suite (n°s 63, 65, 66, 67 et 68). 5 pièces.

173. Rébus (77 et 78). 2 pièces.

174. Projet d'encadrement pour le portrait de M. Guéraud (79). — Belle épreuve.

175. Frontispice pour le catalogue de l'œuvre de Thomas de Leu (80). — Très belle épreuve. — Rare.

176. Vue de l'Ancien Louvre (81). — Le Petit Pont. — La Tour de l'Horloge. — La Pompe Notre-Dame, etc. 7 p.

177. Le Ministère de la Marine (82). — Très belle épreuve avant la lettre, tirée par Pierron sur papier en travers.

178. La même estampe. — Très belle épreuve du même état, tirée sur papier en hauteur.

179. La même estampe. — Deux épreuves avec la lettre, sur Japon et sur blanc.

180. Collège Henri IV (83). — Superbe épreuve avec la vue de la mer dans le fond, avant le monogramme de Meryon au milieu du haut de la planche et avec la légende dans la marge du bas à droite.

181. La même estampe. — Épreuve du même état, mais avec le monogramme.

182. La même estampe. — Épreuve avec la légende dans le milieu de la marge, sur chine.

183. La même estampe. — Épreuve avec la légende enlevée, sur chine.

184. Bain froid Chevrier, dit de l'École (84). — Superbe épreuve avant toutes lettres et avant le monogramme de Meryon.

185. La même estampe. — Très belle épreuve avant la petite planche ajoutée au milieu du bas.

186. La même estampe. — Épreuve avec la planche ajoutée.

187. Portrait de M. Casimir Lecomte (88). — Très belle épreuve.

188. Le même portrait. — Très belle épreuve imprimée sur parchemin.

189. Portraits de E. Boulay-Paty (89), Fr. Viète (90), J. Besley (93), R. de Burdigale (94), L.-J. Bizeuîl (96), B. Fillon (97). 5 p. — Belles épreuves.

190. Le Stryge. — L'Arche du Pont Notre-Dame. — La Galerie Notre-Dame. — Tourelle rue de la Tixéranderie. — Saint-Étienne-du-Mont. — La Pompe Notre-Dame. — Grenadiers indigènes à Akaroa. — Titre de l'œuvre, 8 p. — Des planches biffées.

191. Croquis à la mine de plomb pour Saint-Étienne-du-Mont. — Le Pont-Neuf. — Le Petit-Pont. — La Morgue. — Arche du Pont-Neuf. — Tombeau de Molière. — Tourelle de la rue de l'École-de-Médecine. — Habitation à Bourges, etc. 25 p.

## MICHELIN (J.).

192. Seize gravures à l'eau-forte. *Paris, Cadart et Chevalier.* — Premières épreuves.

## MILLET (J.-F.).

193. La Femme faisant manger son enfant. Deux épreuves du deuxième et troisième états.

194. Les Glaneuses. Deuxième état. — Les Terrassiers. Troisième état. 2 p. sur chine.

**MILLET** (d'après).

195. Les Faucheurs. — La Batteuse de beurre. — Les Glaneuses.
— La Veillée, etc. 9 p. gravées par Hédouin, Courtry,
Lavieille, etc.

**MONNIER** (H.).

196. Mœurs parisiennes. — Récréations. — Les Grisettes, etc.
60 p. en noir et coloriées.

**NIEL** (M^lle G.).

197. Vues de l'Ancien Paris. 15 p. de différents états.

**NOTERMAN** (Z.).

198. Les Plaideurs. — Le Singe savetier. — Chien enchaîné
près du chenil, etc. 9 p. — Premières épreuves.

**O'CONELL** (M^me).

199. Son portrait (deux diff. états). — Portrait de M. O'Conell.
— Têtes de femmes. 6 p. avant et avec la lettre.

**ORLÉANS** (F. D'.).

200. Deux feuilles d'études, lithographiées en 1830.

**PICCINI** (Ant.).

201. Souvenirs de Rome. Suite de douze eaux-fortes, texte
par J. Claretie, 1878. — Épreuves sur japon.

202. Études faites à Rome en 1877, 6 p. sur japon.

203. L'Avare. — Très belle épreuve sur japon.

**PIGAL**.

204. Recueil de scènes de société. — Recueil de scènes popu-
laires. 100 pl. coloriées, 1 vol. in-4°, cart.

**QUEROY** (A.).

205. Rue et maisons du vieux Blois (21 pl.). — Le Vieux Mou-
lin (20 pl.). — En Bourbonnais (14 pl.). Ensemble
35 pl. avec les couvertures.

## RACINET.

206. La Céramique japonaise. — 2° à 7° livraisons. *Paris, Didot,* 1877-1880. In-4.

## RIBOT (C.).

207. Portrait de Vollon. — Six eaux-fortes. — Menu. — L'École. — L'Aide de cuisine, etc. 15 p. avant la lettre.

## ROBERT (L.) et autres.

208. Les Moissonneurs, par Mercury. — Lithographies faites à Rome, compositions d'après R. Fleury, etc. 25 p.

## ROPS.

209. La Tante Johanna. — Femme vue de dos. — Trois feuilles d'études. 5 p. sur japon.

## ROUSSEAU (Th.).

210. Le Chêne de Roche, 1861. — Épreuves avant le tirage de la Gazette des Beaux-Arts. — Paysages gravés par Bracquemont, etc. 14 p.

## ROYBET (F.).

211. Un Fou sous Henri III. — Menu. — Nature morte. — Joueurs d'échecs. — En retard pour la fête, etc. 12 pièces avant et avec la lettre.

## SÉGÉ (X.).

212. Paysages. — Bords de l'Oise. — Vues prises en Corse. 20 p.

## SEYMOUR-HADEN

213. Études à l'eau-forte publiées en 1865. — Suite de vingt-cinq pièces avec texte, plus quatre autres intercalées dans le texte. Ens. 29 p. — Très bel exemplaire dans le carton de publications.

214. Out of study Window (17). — Premier état avant la signature de l'auteur au bas à droite.

215. Fulham (18). — Deuxième et troisième états. 2 p.

216. Kensington Gardens (26). — Premier état sur chine.

217. Amstelodamum (37). — Little Calais Pier (87). — Premier
état sur japon. 2 p.

218. Battersea Reach (45). — Épreuve du premier état.

219. Thames Ditton with a sail (64). — Deuxième et troisième
états. 2 p.

## TAIÉE et TEYSONNIÈRE.

220. Vues de Paris et ses environs. — Paysages. 30 p. avant
et avec la lettre.

## TARUFINI.

221. Intérieur de Manouin. — Épreuve avant toutes lettres.

## TRIMOLET.

222. Vues de Paris. — La Dame de Charité. — Atelier de gra-
veur, etc. 20 p.

223. Vues de Paris, 15 p. avant et avec la lettre.

## TROYON (d'après).

224. La Prairie. — La Première Goutte d'eau. — Vaches sous
bois, etc. 9 p. gravées et lithographiées.

## UNGER (W.).

225. Eaux-fortes d'après les maîtres anciens. 72 planches
avec texte, par C. Vosmaer. — Exemplaire avant la
lettre.

226. Eaux-fortes d'après Franz Hals. 10 planches avec texte
par C. Vosmaer. *Leide*, 1873. — Exemplaire avant la
lettre, sur chine.

## VALENTIN (H.).

227. Plafond et sujets allégoriques, exécutés à Marseille par
A. Magaud. 16 p. sur chine.

## VALERIO (T.).

228. La Hongrie (31 pl.). — Le Montenegro (12 pl.). — Les Po-
pulations des provinces danubiennes en 1854 (19 pl.).

— Souvenirs de la monarchie autrichienne (8 pl.). — La Dalmatie (6 pl.). Ensemble 67 pl.

229. Costumes hongrois. 46 p. avant et avec la lettre.

### VEYRASSAT (J.).

230. Chevaux de halage. — Chevaux de charrue. — La Forge. — Le Père Malice, etc. 20 p. — Premières épreuves.

### WATTIER (E.).

231. Pastorales. — Saint-Preux et Julie. — Le Joueur de guitare. 7 p. De différents états.

### WHISTLER (J.-A.).

232. Vieille Femme assise. — Titre de douze eaux-fortes. 2 p. tirées sur papier ancien.

### GALERIE DURAND-RUEL.

233. Spécimens les plus brillants de l'école moderne. 120 pl. gravées et lithographiées. — *Paris, 1845, in-4, cart.*

234. *Sonnets et eaux-fortes. Paris, Lemerre,* 1869. 1 vol. in-fol., en feuilles dans un carton. — Superbe exemplaire sur papier Whatman, tiré seulement à 6 et non mis dans le commerce, les planches sont sur chine en double état; en noir et à la sépia.

235. Le même ouvrage. — Exemplaire sur papier Whatman.

236. Voyage en Lorraine de Sa Majesté l'Impératrice et de S. A. le Prince Impérial. — Ouvrage orné de 42 gravures, texte par F. Ribeyre, publié par Plon.

237. Catalogue Hoschedé. 37 p. gravées à l'eau-forte.

238. Société française de gravure, années 1868 à 1878. — La Charité, d'après And. del Sarte. — L'Enfant prodigue, d'après Tessier. 32 pl. avant la lettre, sur chine.

# ESTAMPES ANCIENNES, LIVRES A FIGURES

### BARTOLOZZI (Fr.).

239. Fac-similés de dessins, d'après le Guerchin et de peintures d'après les maîtres de l'École italienne qui sont dans la collection royale à Londres. 152 pl. *Londres, Boydell.* 2 vol. in-fol., cart.

### BAUDOUIN (F. d'après).

240. Le Fruit de l'amour secret, par Voyez le jeune. — Belle épreuve.

### BOISSIEU (J.-J. DE).

241. Son œuvre gravé à l'eau-forte. 101 pl. sur chine en portefeuille.

### BOREL (d'après).

242. L'Innocence en danger. — Pièces sur les ballons. 4 p.

### BOSSE (A.).

243. Les Saisons. Suite de quatre pièces. — Très belles épreuves.

244 La Fortune de la France. — L'Infirmerie de l'hôpital de la Charité. — Vie de l'Enfant prodigue. 6 pièces. — Belles épreuves.

245. Le Mariage à la ville et à la campagne. — Les Métiers, etc. 10 pièces. — Belles épreuves.

246. Cérémonie des chevaliers de l'Ordre du Saint-Esprit. — Les Métiers, etc. 17 pièces.

### BRAND (d'après L.).

247. Les Cris de Vienne. 45 pl. coloriées, gravées par Mark et autres. In-fol., dem.-rel.

## BRY (Th. de).

248. Le Triomphe du Christ. — La Fête de campagne. — Les Israélites dans le désert. — La Fontaine de Jouvence. 4 pièces. — Belles épreuves.

## CALLOT (J.).

249. Les Images de tous les saints de l'année. — Les Fêtes mobiles. Suite de 490 p. — Épreuves avant la lettre. — Les Misères de la guerre. — Les Gueux, etc. 673 p. montées en 1 vol. in-fol., mar. rouge.

## CHASTILLON (C.).

250. Le Grand et magnifique bâtiment de l'Hôtel de Nevers. — La Place Dauphine, construite du règne de Louis le Grand. 2 p. — Rares. — Belles épreuves.

## CHODOWIECKI (D.).

251. Deux cent trente-cinq pièces de son œuvre. — Avant et avec la lettre, pour illustrations de livres.

252. Album contenant 188 petites vignettes.

## COELEMANS.

253. Recueil d'estampes d'après les tableaux des peintres les plus célèbres d'Italie, des Pays-Bas et de France, qui composaient le Cabinet de M. Boyer d'Aguilles. *Paris, chez Bason et Poignant.* — 118 pl. avec texte en 1 vol. in-fol., dem.-rel.

## COYPEL (d'après Ant.).

254. Sujets pour le Roman Comique, par Surugice. 2 p. avant la lettre. — Trois autres compositions pour le même ouvrage, par Oudry. Ens. 5 p.

## DEMACHY (d'après).

255. Elévation de la statue de Louis XV. — Belle épreuve avant la lettre.

## DEMARNE (J.).

256. Quarante-quatre pièces de son œuvre. — Très belles épreuves.

## DEBUCOURT.

257. L'Orange. — Les Visites. 2 p. en noir.

## DEMORTAIN (chez).

258. Les Plans. Profils et élévations des ville et château de Versailles en 1714 et 1715. Vues du château de Trianon et de la chapelle de Versailles, de Marly. 51 pl. en 1 vol. in-fol., veau.

## DIETTERLIN (W.).

259. Différents ornements de la Renaissance. 34 pièces.

## DREVET (P.).

260. Orléans (Louis duc d'), d'après C. Coypel. In-4. — Très belle épreuve.

## DUPLESSIS-BERTAUX.

261. Recueil de cent sujets de divers genres dessinés et gravés à l'eau-forte. *Paris*, 1814. In-4, obl., dem.-rel.

262. Portraits de personnages de la Révolution française. 45 p. en vol. in-fol., veau.

## DURER (A.).

263. Vie de la Vierge. 19 pièces gravée sur bois. — Belles épreuves.

## DYCK (d'après ANT.).

264. Marie-Claire de Cröy, gravé par C. Waumans. — Très belle épreuve.

## GAULTIER (L.).

265. Petits sujets de la Vie de Jésus-Christ. 24 pièces. — Très belles épreuves.

### GOLTZIUS (d'après).

266. Les Soldats. Suite de douze pièces, par J. de Gheyn. —
Belles épreuves.

### GUÉRARD (A Paris, chez).

267. Les Misères de la guerre (époque Louis XIV). — 16 pl.
In-4 obl.

### HOUBRAKEN (J.).

268. Portraits de W. d'Orange (avant la lettre). Marquis de
Halifax, et J. duc de Lauderdale. — Belles épreuves.

### JEAURAT (d'après).

269. La Place des Halles. — La Place Maubert. 2 pièces par
Aliamet. — Très belles épreuves.

### LAGNIET (J.).

270. Recueil de 40 pièces, proverbes. — Sujets de débauche et
buveurs. In-4, dem.-rel.

### LAIRESSE (G. DE).

271. Sujets mythologiques, allégoriques, etc. — 108 pl. in-fol.
obl., cart.

### LEBRUN (d'après CH.).

272. Le Grand Escalier du château de Versailles. — Tapisseries
du Roi. — Ornements par Berain. 43 p.

### LESPINASSE (d'après).

273. Vues de Paris, gravées par Berthault. 4 grandes pl.

### MAROT (J.).

274. Vues des églises et hôtels de Paris. — 33 pl. avec marges.

### MERIAN et autres.

275. Grandes vues de Paris. — Réfectoire de l'hôtel des
Invalides, par Lepautre. — Bibliothèque Sainte-Gene-
viève, par de La Gardette, etc. 8 p.

## MITELLI (G.).

**276.** Les Cris de Bologne. 41 pl. — Habits religieux, par O. Fialetti. — 24 pl. 2 vol. in-fol. et in-4.

## MONSALDY.

**277.** Vue des ouvrages de peinture exposés en l'an VIII.

## MOREAU (J.-M.).

**278.** Vue de la cathédrale d'Orléans, 1771. — Très belle épreuve.

**279.** Constitution de l'Assemblée nationale en 1789. — La Fédération au Champ de Mars, 1790, par Helman. 2 p. — Belles épreuves.

## MOREAU (d'après).

**280.** Vignettes in-4, pour les Œuvres de J.-J. Rousseau. Douze pièces dont deux avant la lettre.

## PERELLE.

**281.** Vues de Versailles. 40 pl. avec marges.

## PRUDHON et GÉRARD (d'après).

**282.** Daphnis et Cloé. Suite de 9 p. — Très belles épreuves avant la lettre.

## PRUDHON (d'après P.).

**283.** La Grotte. — Le Naufrage de Virginie. 2 pièces par Roger. — Très belles épreuves avant la lettre.

**284.** Le Premier Baiser de l'Amour. — Selima introduisant Édouard dans la grotte. — Daphnis et Chloé. — Abrocome et Anzia. — Aminta. — L'Enlèvement d'Europe. — Phrosine et Mélidor. 8 p.

**285.** La Justice divine. — Une pensée. — Marguerite. — Vénus au bain, etc. 7 pièces par Aubry, Le Comte et Boilly.

## SAINT-AUBIN (d'après A. DE).

**286.** Tableau des Portraits à la mode. — La Promenade des

Remparts de Paris. 2 pièces faisant pendant. — Très belles épreuves. Grandes marges.

### SILVESTRE (Is.).

287. Vues de Paris. — 10 p. avec marges.

288. Vues de France et d'Italie. — 45 p. avec marges.

### TIBALDI.

289. Les Peintures de F. Tibaldi et Nicolo del Abbatti, à l'Institut de Bologne. — 41 pl. gravées par Crivellari. *Venise*, 1756, in-fol. cart.

### TORTOREL (J.).

290. La Rencontre des deux armées françaises entre Cognac et Châteauneuf. — Estampe gravée sur bois.

291. Recueil de 224 gravures sur cuivre, représentant les guerres qui ont eu lieu dans la Flandre et les Pays-Bas, Belgique, Hollande, etc., d'après Tortorel et Périssin. — Le tout relié en 1 vol. in-4 obl.

### VALLET (M.).

292. Calendrier national, calculé pour 30 ans et présenté à la Convention nationale le 31 décembre 1792. — Rare.

### VIGNETTES.

293. Dix-neuf pièces d'après Queverdo et autres.

294. Vignettes pour les œuvres de Molière, d'après H. Vernet. — Daphnis et Cloé, d'après Gérard. — L'Énéide, d'après Girodet. — Walter Scott, d'après T. Johannot. — OEuvres de Delille, d'après Desenne, etc. — 54 p. avant la lettre sur chine.

### WATTEAU (d'après).

295. L'Ile enchantée, gravé par Le Bas. — Très rare épreuve à l'état d'eau-forte.

296. Le Concert champêtre, gravé par B. Audran. — Très rare épreuve à l'état d'eau-forte.

297. La même estampe. — Très belle épreuve.

## WILLE (J.-G.).

298.  Portrait du marquis de Marigny, d'après Tocqué. — Belle épreuve.

## WICAR.

299.  Tableaux, statues, bas-reliefs et camées, de la Galerie de Florence et du palais Pitti, dessinés par Wicar, peintre, et gravés sous la direction de M. Lacombe. *Paris*, 1789-1807. — 4 t. en 2 vol. in-fol. cart. non ébarbés. — Bel exemplaire.

---

300.  Galerie impériale de l'Ermitage. — 124 pl. lithographiées.

301.  Album de la Gazette des Beaux-Arts. Première, deuxième et troisième séries. — 150 pl. in-fol. sur chine.

302.  Salon de 1861, gravures sur bois par M. Lindon, texte par Castagnary. — 1 vol. in-4, demi-rel.

303.  Sous ce numéro, il sera vendu à la fin de chaque vacation un grand nombre de lots d'eaux-fortes modernes, lithographies, environ 3,000 p. topographie sur Paris, la France et l'étranger, livres à figures, etc.

---

Paris. — Typ. G. Chamerot, 19, rue des Saints-Pères. — 15738.